문장을 완성하다

문장을 완성하다
시산맥 서정시선 081

초판 1쇄 발행 | 2021년 6월 18일

지 은 이 | 박중기
펴 낸 이 | 문정영
펴 낸 곳 | 시산맥사
편집주간 | 김필영
편집위원 | 강수 오현정 정선
등록번호 | 제300-2013-12호
등록일자 | 2009년 4월 15일
주   소 | 03131 서울특별시 종로구 율곡로 6길 36,
          월드오피스텔 1102호
전   화 | 02-764-8722, 010-8894-8722
전자우편 | poemmtss@hanmail.net
시산맥카페 | http://cafe.daum.net/poemmtss

ISBN 979-11-6243-212-9 03810

값 9,000원

* 이 책은 전부 또는 일부 내용을 재사용하려면 반드시 저작권자와 시산맥사의 동의를 받아야 합니다.
* 이 도서의 국립중앙도서관 출판도서목록은 서지정보유통지원시스템 홈페이지(http://seoji.nl.go.kr)와 국가자료종합목록 구축시스템(http://kolis-net.nl.go.kr)에서 이용하실 수 있습니다.
* 이 시집은 교보문고와 연계하여 전자책으로도 발간됩니다.

문장을 완성하다

박중기 시집

* 본문 페이지에서 한 연이 첫 번째 행에서 시작될 때에는 〈 표기를 합니다.

■ 시인의 말

고목나무 빈 몸

밤기차처럼 혼자 깨어나

노심초사한다

성긴 가지 꽃송이 핀다

꽃으로 봄은 시작된다

2021년 늦봄, 박중기

■ 차 례

1부

슬하 – 19
오래된 책 – 20
연어 – 21
멀티탭 – 22
전각 – 23
군자란은 개화 중 – 24
껍데기에 대한 오해와 진실 – 26
후경 – 28
수상한 지명수배 – 30
가족 – 32
고욤나무 – 33
장모님의 가을 – 34
개나리꽃 – 36
부부 – 38
백내장 – 40

2부

포스트잇 — 43

망초 — 44

깨진 유리창 — 45

또는 — 46

못질 — 48

담장을 넘는 법 — 50

삶은 수학이다 — 51

방정식을 풀다 — 52

우두커니 — 53

광어와 도다리 — 54

담쟁이 — 55

허물어지는 자궁 — 56

경계 — 58

3부

파장 − 61
만추 − 62
주말농장 − 63
전원에 들다 − 64
거미 − 66
시식 − 67
신춘문예 − 68
졸시 − 70
시항아리 − 72
문장을 완성하다 − 73
문자를 잊다 − 74
두 시인 − 76
농부와 시인 − 77
자연휴식년제 − 78
또 다른 교실 − 80

4부

띄어쓰기 - 83
노량진 고시촌 - 84
내시경 - 85
절창 - 86
궁합 - 87
말복 - 88
상련 - 89
탑골공원 - 90
제비꽃 - 91
외나무다리를 건너는 법 - 92
생의 처방전 - 93
대원사 - 94
중용 - 95
사월초파일 - 96
윤회 - 97
수타사 - 98
그냥 - 99
들꽃 - 100

■ 해설 | 이덕주(시인, 문학평론가) - 103

1부

슬하

고향 옛집
넓은 마당 한 귀퉁이
큰 수챗구멍 있었다

조용조용하던 할머니
허드렛물 버릴 땐
목청을 한껏 돋우신다

"물 내려간다"
"뜨거운 물 내려간다"

있는 듯, 없는 듯
몸 낮춘 것들 깨우는 소리

세상 나서기 전
세상 건너는 법 가르쳐 주셨다

오래된 책

삼십여 년 전
지인의 권유로 산 책 한 권
애면글면하면서도 완독하지 못하고 있다
표지는 어느새 중년을 훌쩍 넘어서고
책에선 잘 발효된 냄새가 난다

소풍 가듯 읽기도 하고
데면데면 건성으로 읽기도 하고
밀애를 나누듯 필사도 했다
예리한 문장에 마음 다치고
행간을 놓치고 세월이 대신 읽기도 했다
남은 것은 여분을 완독하고
사랑으로 서평을 쓰는 일이다

초판 인쇄로 절판된
세상 누구에게도 팔린 적 없고
몸 읽힌 적 없는
딱 한 권뿐인 희귀본
'당신'이라는
오래된 책

연어

기억은 수장된 마을처럼 아득하다

모천은 자궁의 양수
세상으로 나서는 순간
무수한 따옴표가 쳐지고
그 속에 갇힌다

따옴표 속에는
아버지, 어머니가 살고
똑똑한 친구가 살고
성공한 친척이 살고
부자가 된 이웃이 살고
예수가, 부처가 살았다

해류를 따라 먼 세상을 돌아
따옴표가 비늘처럼 벗겨져
모천으로 회귀한 연어
가쁜 숨을 헐떡인다

호스피스 병동 301호

멀티탭

멀티탭에 플러그 꽂혀 있다
어미젖 빠는 아기 같다
다리미를 물고 있던 플러그
구겨진 옷 펴기 위해 많은 전기 뽑아갔다
형은 개천에서 용이 되었다.
선풍기를 물고 있던 플러그
제 몸 뜨거워지는 줄 모른 채 바람개비 돌렸다
둘째는 탈속해 감자꽃처럼 피어 산다
텔레비전을 물고 있던 플러그
사람들 관심 속에 늦도록 전기 소모했다
막내는 아직도 해바라기로 산다
줄이 빠진 멀티탭
젖샘이 막힌 쭈글쭈글한 젖
흐름이 멈추었다
꽂힐 플러그 없다
홀로 여위어 간다

전각

아주 오래전 신병훈련소 시절
야외 변소에 써진 낙서
흰 페인트로 지우는 작업을 할 때
벽은 삼류사회를 그대로 옮겨다 놓은 듯
욕설과 음담패설과 춘화가 난무했다

시궁창에도 꽃은 피어나듯
차마 지울 수 없던 꽃 같은 말
모든 것 지우고 남은 돌출된 문장
'어머니 사랑합니다.'
벽이 습기에 썩어가고 곰팡이가 필 때
꽃 같은 문장은 방습제가 되었다

거칠고 투박한 생 깎아내고 남은
결 고운 돌출된 문장
결핍된 생, 무한보증하면서
몸 붉어진
당신

군자란은 개화 중

첫 출생을 난산 끝에 본 지 서너 해
이제나, 저제나 수태를 기다렸지만
양기가 부족했는지 소식이 없었다
지난겨울 양 가랑이 사이가
동전만큼 볼록하더니
꽃집을 잉태했다

둘째는 순산을 한다는
말만 믿고 느긋하게 기다렸지만
예정일이 지나도 소식 없다
애면글면 지극 정성으로 지켜보던 중
양수가 터졌는지
가랑이 사이에 핏빛이 비치고
머리가 납작하게 짓눌린 채
분만 중이다
삐죽 내민 머리통으로 보아서는
첫째를 빼다 박은 것 같다

거기, 아주 은밀한 그곳

두 다리 쩍 벌리고 있는 모습
요부의 몸짓인 양 망측스럽다
숨 헐떡이는 모습 안쓰러워
가랑이를 벌려도 보고
분만 촉진제도 놓아보지만
세상 밖 나올 기미 없다

허공에 붉은 꿈 영그는 집 짓는 것
쉽지만 않다
어둠과 빛의 경계에 머무는 꽃집

군자란은 개화 중

껍데기에 대한 오해와 진실

'껍데기는 가라'*
근본을 모르는 말이다
살아보면 안다
껍데기 속의 삶
동짓달 군불 지피던 아랫목이었다는 것

쨍쨍한 햇볕, 얼결에 쩍 벌어져
톡 톡 멋대로 튀어나온 놈들
환한 세상 살게 되었다고
껍데기는 구속이었다고!
껍데기는 가라고!

껍데기
헌혈하듯 진액 다 뽑아 주다
더 감내할 수 없을 때
생살 찢기는 아픔으로 알맹이
날 선 세상 보낸다는 것

근본을 모르고 생을 다친 놈들

콩밥 먹이는 이유
정신 차리라는 뜻이리라

밝은 세상 살아가는 것
껍데기 때문이 아닌가!
'껍데기는 가라'
근본을 부정하는 것이다

* 신동엽의 시에서 인용

후경

등걸만 남은 나무를 본다

연분홍으로 피던 희망
가지마다 알알이 맺던 의지
꿈, 몸 안에서 피어나던 봄날, 이었다

설익은 열매 떨구던 통증
비바람에 곁가지 찢기던 욕망의 추락
꿈, 몸 밖으로 떨구던 여름, 이었다

농익은 주렁주렁 매단 열매
수십 년 연륜을 키우던 몸통
꿈, 성숙으로 익어가던 가을, 이었다

밑동이 자린 그루터기는 몸 보시
살 썩은 골 진 씨앗은 사리
꿈, 맹목으로 죽음을 견디던 겨울, 이었다

춘하추동 온몸으로 다녀간

나무를 본다
후경처럼

환지통을 앓는다

수상한 지명수배

나는 밤의 지명수배자다

시국 공안 사범이 아니라 잡범이다
상습적 가정 파괴범이다
한 번도 체포된 적 없다
매번 자진 출두한다

혼인 서약 불이행의 신의성실 위반죄
지나친 풍류로 가계를 궁핍하게 한 죄
아이 돌보지 못해 생긴 애정 결핍 죄
(……)
매의 눈과 손톱으로 칠판 긁는 소리
취조가 밤늦도록 이어진다

억울한 부분도 있지만
죄를 순순히 자백하고
어제처럼 각서를 쓰고 풀려난다

〈
아침을 나서자
어제의 범죄를 모의하는 전화가 온다
집행유예가 끝나지 않았는데……

가족

밥그릇 속의 밥
쌀, 보리, 귀리, 콩, (…)
데면데면 어설픈 결합이다

오래오래 씹는다

겉이 벗겨지고
살이 드러나고
속에 감추어진 맛
한데 어우러진다
설렁설렁 삼킬 때는 몰랐던
맛의 화학반응이 일어난다
고소하다

밥, 맛이다

고욤나무

가을, 고욤나무
날 선 시간, 따개비 열매 달고
빈집 지키고 서 있다
감이 될 수 없는 운명
대물림하기 싫어
제 몸 베어내고 접붙여
넓은 세상으로 떠나보낸 감나무
햇빛과 물과 바람 가득 담아
발그레한 웃음으로 익어갈 즈음
생이 저물어가는 고욤나무
낙타가 사막을 가듯
고래가 심해를 헤엄쳐 가듯
그 먼 곳을 향한
또 한 계절, 알알이 맺은 그리움
바람 한 떨기 지나자
까맣게 떨어져 뒹군다

장모님의 가을

가을은 산허리 춤에서 숨 고르는데
군복의 청춘은 허물어진 담처럼 기억이 무너졌고
꽃 같은 시절 에돌아 온 당신은 숨 가쁘다
첫 아이의 태를 묻은 집 흔적을 잃었고
집터를 밭으로 바꾼 낯선 사람들
담뱃가게 셋방살이 풍경을 꺼내준다
풍경은 마른 개울물처럼 흐르다
'호철이네'라는 여울목에서 소리 내어 흐른다
순간 오십여 년 전의 압축파일이 열린다
쪽빛 하늘을 스크린으로 내어 걸고
산새 소리 실어 온 바람이 음향을 더하고
먼 인연으로 찾아온 서넛을 관객으로
가을이 짧게 편집된 드라마를 재생한다
낯익은 군화 소리에 기다림의 저녁이 오고
담뱃가게 주인아저씨의 헛기침 소리 들리고
첫 아이를 받아준 할머니가 살아오고
다섯 살 호철이*가 마당에서 뛰어논다
짧은 드라마가 끝나고
저쪽 가을에서 이쪽 가을로 돌아오는 시간

눈물 몇 방울 떨어져 곡운계곡**으로 흐른다
또 한 번의 가을이 무상하게 흐른다

* 주인집 아들 이름
** 화천군 사창리 삼일리를 흐르는 계곡

개나리꽃 할머니

봄 활짝 피었다
개나리꽃 학명은 골든 벨이다

"성관아~"
조용하던 골목에 쩡쩡한 소리 핀다
80년 피었지만, 소리만은 여전하다

화사하고 곱게 피던 꽃
할아버지 돌아가신 날
큰아들 서둘러 이승 떠나던 날
이슬방울 두 번 맺힌 적 있다

할머니 팔순 잔칫날
하늘 저편 활짝 웃고 계신 두 분
성관이 장가가고
그 아들 축의금까지 주고 오라 하신다

개나리꽃 활짝 피었다
할머니의 봄은 삼십 년쯤 지나야 질 것 같다

〈
"성관아~"
할머니의 뎅그렁 울리는 종소리
동네 활짝 울린다

부부

오늘
짝이 된 당신과
박수 소리 꽃잎처럼 흩날리며
이인삼각 경기를 시작한다

왼발과 오른발의 관성을 버리고
혼자에 익숙했던 발걸음도 바꾸고
묶인 발이 중심이 된다

서로의 허리를 어머니처럼 감싸고
숨조차 서로 안에서 호흡하며
그림자마저 하나가 된다

흐드러지게 피는 꽃 속의 시간
오뉴월 땀 흘리는 노동의 시간
갈바람 성긴 흰머리 스치는 시간
눈 내리는 설한의 시간

'인생'이라는 긴 시간을

붉은 심장 펄떡이며 사랑한
외길을 달려야 한다

한 발 한 발 내딛는 발걸음
아름다운 집 한 채 완성하는 일이다

백내장

눈에 낀 백태
자식만 선명하게 보일 뿐
온통 흐린 빛으로 어룽거린다

꽃도 잿빛이고,
하늘도 잿빛이고
삶도 잿빛이다

자식이란 허물 벗겨내고
새로운 막 씌우자
온통 꽃 빛
제 색깔을 찾았다

본다는 것
세상사는 일인데
잿빛 세상에 갇혀
얼마나 갑갑했을까?

당신을 눈 속에 가득 담는다

2부

포스트잇

여분의 빈 곳
반쯤은 붙고, 반쯤은 떨어져
이도 저도 아닌 어정쩡한 존재
짧게는 몇 시간, 길게는 며칠
한시적 기억을 담은 포스트잇

손길 닿는 곳에 있어
언제든 즉각적 소멸의 대상으로
가벼운 접착의 생을 보내다
기억이 소실되면 버려지는 포스트잇

나무의 몸으로 태어나
기억을 먹고 살긴 마찬가지지만
강한 접착력을 갖지도 못하고
두고두고 기억할 만한 가치도 없어
순간으로 생을 마감하는 포스트잇

늦은 밤, 문자가 온다
'재계약은 없습니다'

망초
―불법체류 노동자

 비록 우리가 허락 없이 바다 건너왔지만, 당신들과 똑같은 피가 흐르고 있다오. 낯선 세상 아양도 떨어보고 으름장도 놓아보지만, 텃세가 심해 뜨거운 세상 맛보았다. 질곡의 세월이 흘러 꿈은 소박한 생존이 되었다. 생존을 꿈꾸던 우리는 한적한 들녘, 공터, 조붓한 길섶에 둥지를 틀었다. 오뉴월 싱싱한 꿀맛을 본 벌과 나비는 우리의 몸을 팔았고, 거미는 우리 몸을 빌려 밥벌이를 했다. 잠자리는 친구처럼 함께 놀아주었다. 소삽한 바람이 일던 밤, 야위어 가는 몸 비비며 '세상살이 어딘들 다를쏘냐.' 서로 위로하다가도 '너도 꽃이냐'는 비아냥거림은 몸서리치게 서러웠다.
 황량한 섬에 닻을 내린 무게 없는 바람 같은 生이여!

깨진 유리창

적막을 깨뜨리고
날아온 돌멩이에 유리창이 깨진다
묵음처럼 내다보던 내부
소음과 바람으로 가득하다
소음은 독으로 퍼져
둥근 잎은 뾰족하게 자라고
가지는 거꾸로 뻗어가고
꽃은 독한 약 냄새를 풍기고
열매는 벌레가 길을 낸다

형체가 일그러진다

따라온 바람은
정돈된 내부마저 흩어놓는다

X 같은 세상

손에 돌을 쥐고 다닌다
여차하면

또는

건널목
녹색등이 켜지고
개의 목줄을 쥔 사내가 건너가고 있다 그리고
세 사람이 건너간다

끌고 가는 것인가?
끌려가는 것인가?

한 사내가 말한다.
"목줄을 쥔 사내가 개를 끌고 가는 것이다"
한 사내가 말한다
"앞선 개가 뒤에 있는 사내를 끌고 가는 것이다"
한 사내가 말한다
"방향이 같으니 동행하는 것이다"

녹색등이 켜지고
사람들 건널목을 건너간다.

사내가 되거나

개가 되거나
또는
사내이면서 개이면서

못질

세상은 완고한 벽이다

벽은 수두를 앓고 난 흉터 같다

못질은
불꽃을 튀며 빗나가고
손등을 찧는다

못은
견고한 저항에
구부러지거나 튕겨 나간다

불안하게 자리 잡은 못
사랑을 걸고
밥을 걸고
가족을 건다

못질의 울림이 크다
벽이 흔들린다

위태하다

벽 아래
부러진, 휘어진, 녹슨 못
어지럽게 널려 있다

담장을 넘는 법

세상을 담장 안에 가두고
수녀원과 교도소 이웃하여 있다

하나님의 말씀으로 세운 붉은 담장 안
흰 코이프를 쓴 목련, 몸 바꾸어
세속의 가지, 성녀의 꽃 피우고
경건한 복음으로 담장을 넘는다

인간의 형벌로 세운 하얀 담장 안
죄를 수인번호에 새긴 아카시아, 몸 바꾸어
거친 수피, 갱생의 꽃 피우고
진한 꽃향기로 담장을 넘는다

위리안치에 갇힌 채 살아온 생
세상 밖 나선다
등을 밟고 담장을 넘는다

삶은 수학이다

수학은 삶의 내재율이다

욕망은 무한대고(∞)
첫사랑은 제로로 수렴하고(→0)
덕은 쌓아야 하는 적분이고(∫)
사랑은 나누어야 하는 미분이다(∂)
인간관계는 열리고 닫히는 집합이요(⊂,⊄)
인생은 복잡한 경우의 수이다(nPr)

손가락 셈법으로 채울 수 없는
삶은 수학이다

방정식을 풀다

　삶의 방정식을 푼다.

　세월이 지날수록 미지수는 세포 분열하듯 가지에 가지를 뻗어 고차방정식이 된다. 아버지란 미지수는 일찌감치 불효로 소거되었고, 연로한 어머니란 미지수는 풀방구리에 쥐 드나들듯하면서 푸는 중이고, 처가란 미지수는 철마다 꽃놀이, 단풍놀이로 풀고 있고, 아내란 미지수는 봄햇살처럼 살갑게 비위 맞추며 풀고 있고, 아들 둘의 미지수는 공부는 시켰으니 결혼으로 풀어주면 되겠고, 친구란 미지수는 친목 모임에서 세월 타령에 맞장구치고 술잔 주고받으며 불콰하게 하루 보내는 것으로 푸는 중이다. 그러나 풀지 못하고 있는 '나'란 미지수는 여전히 오리무중이다. 어느 고승은 '산은 산이요, 물은 물이라는 화두로 풀었다지만, 어느 정치인은 '내 통장에는 23만 원뿐이다.'라는 배짱 논리로 풀었다지만, 어느 것으로도 채우지 못한 삶, 덧없이 세월은 흐르고 세상은 정답을 독촉하지만, 쉬이 풀리지 않는다.

우두커니

눈앞에서 놓쳐버린 막차의 꽁무니를 바라보던 순간,
치명적 사랑 뒤에 오던 묵묵한 이별의 뒷모습을 바라보던 순간,
어제까지 호방하게 웃던 지인의 갑작스러운 부고를 받아든 순간,

존재와 상실 사이,
우두커니
굴비가 새끼줄에 엮이듯
하나, 둘 엮여 두름이 되어 간다

광어와 도다리

광어와 도다리
눈이 양쪽으로 있었다
몹쓸 잘못 저질러
볼때기 세게 맞아 눈이 한쪽으로 쏠렸다
어느 어부의 우스갯소리다
광어와 도다리 비슷하게 생겼다 눈만 빼곤
인간 세상에도 광어와 도다리가 산다
왼쪽으로 쏠린 놈
오른쪽으로 쏠린 놈
사시斜視, 그것도 실눈 뜨고 본다
어린애들 땅따먹기하듯
선 긋고 싸우는 꼬락서니라니
보기에도 꼴사납다
불이 번쩍 나게 볼때기 맞으면
두 눈 제대로 돌아와
좌, 우가 없는 한 세상 볼 수 있지 않을까?

구시대의 이념에 갇힌 광어와 도다리

담쟁이

삶의 터전은 벽
몸 기댈 한 자락이라도 내어준다면
혼신을 다해 오르고 올라
그악한 생 푸르게 덧칠한다

흔들림은 운명
풀잎 스치는 바람에도
벽을 움켜쥔 몸 흔들리고
나뭇가지 꺾는 세찬 바람에는
몸, 몸, 몸, 소용돌이치더니
절벽을 흐르는 푸른 폭포가 된다

온몸은 손과 발
절망을 포복하는 허기진 풍경
오체투지의 생이다

삶을 벽으로 번역한다

허물어지는 자궁

다산多産의 여왕
마음 헤픈 창녀
제2의 조물주

거웃 난 수컷들 마음껏
그녀의 자궁에다 씨 뿌린다
넓고 튼실한 자궁
낭창낭창 해산한다

그녀를 뚫고 나온 질료들
앞산 연분홍 진달래꽃
뒤뜰 파릇파릇 보리싹
뻘밭 달리는 농게
올망졸망한 눈들로 가득 찼다

한 무리의 욕망이 휩쓸고 지나간다

싱싱한 생명을 잉태하던 그녀
신열을 앓고

병색이 짙어가고
영정사진으로 걸린다

자궁이 허물어진다

경계
– 새만금 방조제에서

초록별, 지구
45억 년 물살을 가르던 바다

더는 바다를 꿈꿀 수 없는
육지에 갇힌 무염無鹽의 썰물
더는 육지를 꿈꿀 수 없는
바다에 갇힌 염수鹽水의 밀물
한 치의 벗어남도 허용치 않는
인공ㅅㄷ의 경계

서서히 바다의 무늬를 잃어가는, 안
그리움 저 혼자 부둥켜안고 일렁이는, 밖
영영 서로 젖을 수 없으리란 불길한 예감
수천 년 후 지각변동으로
이곳과 그곳에서 출토된 화석으로
하나의 삶이었다는 것 입증하게 될까

서로 닿지 못하는 이별의 경계
애처롭다

3부

파장

홍천 오일장
젖무덤 축 늘어진 할머니
좌판을 벌인다
당귀, 삽주, 도라지, 더덕…
뒷산을 옮겨다 놓았다
그 큰 산 평생 지고 오느라
허리, 휘어진 능선처럼 굽고
덤으로 듬뿍 담아주는
마음, 깊은 골짜기 닮았다
장이 파하고
빈 몸 할머니,
뒷산으로 들었다
장날이면
산 그림자 길게 내려온다

만추

늦가을 오후
마이크 소리가 골목을 가득 채운다
왼쪽 골목에서 바리톤이 가락을 넣는다
"고추 사세요"
"김장용 고추 사세요"
"햇볕에 말린 태양초 사세요"
"때깔 좋은 말린 고추 사세요"
오른쪽 골목에서 소프라노가 추임새를 넣는다
"갈치 팝니다"
"제주 바다에서 방금 잡아 올린 갈치 팝니다"
"싱싱하고 물 좋은 갈치 팔아요"
서로 가까워지면서 몸 섞는다
"때깔 좋은" "싱싱하고 물 좋은"
소리 격해진다
"건乾 꼬추" "싱싱한 깔치"
"사세요" "팔아요"
단단하고 싱싱한 소리에
가을, 한 뼘 더 깊어진다

주말농장

'터전을 되돌려 달라'

난을 일으켰다
저항은 거세다
하늘의 원군을 받은 날은 파죽지세였다
목적은 소박하다
생존이다
터전을 빼앗긴 절박성으로 똘똘 뭉쳤다
일주일의 한두 번 원정遠征으로는 버거웠다
원군援軍의 도움으로 토벌해야 한다는 풍문이 돌았고
곳곳에선 강력한 살상력의 토벌이 시작되었다
아우성이 누렇게 타들어 간다 나는
원군의 도움 없이 싸워보기로 한다
원시적 싸움은 여름 내내 이어지고
입추가 되자 그들의 기세도 주춤해지고
나의 욕심도 앙상해진다
서서히 끝나가는 싸움
잡초와의 전쟁

전원에 들다

수리봉 한 자락 품고
청명한 가을 햇살 곱게 내린 날
양지바른 생의 원적지原籍地

햇볕 가득 들일 넓은 창을 내고
시린 몸 녹일 아늑한 방을 낸
우아한 풍경이 된 집
한 채 서 있다

창살에 수줍은 듯
얼굴 내미는 아침 햇살 불러들여
곰삭은 친구처럼 하루를 열고
앞 강에서 불어오는 미풍
훈훈한 세상 소식에 귀 연다
뒷산 자작나무 몸 트는 소리 들리면
바지랑대 높이 세워 어제 노동을 널어 말리고
호미 들고 텃밭으로 나선다

손님처럼 밤 찾아오면 작은 연못에

환한 웃음 띤 달, 초록 별 내려 앉혀
이슥하도록 하늘 이야기 도란도란 나누다가
풀벌레 인기척마저 끊기면 자리에 들어
세상 이들에겐 금서^{禁書}인
그대 책장을 넘기며
사랑을 읽고 또 읽는다

거미

누구나 살고 싶은 집

못 하나 박지 않고
삽질 한 번 하지 않고 지은
안이 밖이고 밖이 안인 집
햇빛과 달빛으로 엮은
대문 없고 벽도 없는
삶이 투명하게 보이는 집
바람 잘 통하고 햇빛 잘 드는
무게를 가진 것들 들어갈 수 없는
지번(地番)도 문패도 없어
누구나 주인이 되는 집
지상에 없는
가장 아름다운 집
허공에 한 채 지었다

아름다운 건축가

시식^{詩食}

교보문고에 간다
시집 코너에서 공짜 시식^{詩食}을 한다
먹거리가 지천이다
무엇을 먹을까 행복한 고민을 한다

애피타이저로 나희덕의 '야생사과'를 시식하고
오늘의 좋은 시, 소월시문학상, 동주문학상 ……
뷔페로 차려진 음식 몇 번을 비운다
후식으로 '식객'을 맛보다가 '미스터 초밥왕'도 먹
는다

배부르다

출판사, 문 닫는다는데……
시인들, 배고프다는데……

신춘문예

바다를 읽는다

무궁한 어원語源의 비밀을 간직한
1%의 희망과 99%의 절망의 바다

초보 낚시꾼, 바다를 향해
어설픈 언어의 미끼를 던진다
미세한 찌의 흔들림
연신 마음 바닥을 간질인다
힘껏 낚아챈다
노래미, 열기, 도다리, 학꽁치…
잡어로 가득하다
바다 낚시꾼의 꿈, 대물 감성돔
심해를 볼 수 있는 혜안을 갖기 위해
바다의 지도책을 읽는다
물고기의 길 읽기 위해
노련한 어부의 낚시법을 청강한다
바다를 습작한 지 여러 해
중층을 읽어갈 무렵

무수히 던진 밑밥에 움찔
찌의 움직임이 크다
손끝으로 전해지는 짜릿한 전율
희망을 쭉 물고 들어간다
힘껏 낚아챈다
허연 몸통이 달빛에 반사된다
월척, 대물 감성돔이다
화들짝 놀라 깬다

오래 꾼 꿈이다

졸시

숲속 벤치에서 시집을 읽다가
햇살 한 줌에 졸음으로 앉아
게으른 뻐꾸기 소리를 듣는데
개미란 놈 연신 몸 놀리고 있다

대하소설이라도 읽는지
넓은 땅 이리저리
갈지자로 꼼꼼히 읽는다

난해한 시 한 편 읽는지
멈칫멈칫 고개 저으며
퉁명한 등걸도 읽는다

동화를 읽는지
율동하듯 온몸 흔들며
아기 손바닥 같은 떡잎도 읽는다

읽고 또 읽는다

〈
개미
나를 읽고 간다
바람이 책장 넘기듯
건성건성 읽고 간다

시 항아리

서울 지하철 혜화역
시 한 편이 적힌 두루마리로 가득 찬
시집이 된 항아리
마음 읽어보곤 몸마저 가져간다

텅 빈, 시 항아리

비틀거림이 남아 있는 소주병
이빨 자국이 선명한 껌
타오르다 꺼져버린 담배꽁초
속조차 비우고 주름 잡힌 깡통
놓친 이별이 완성된 구겨진 차표

가득 채운 항아리

눈으로 읽어버린 쓰레기
마음으로 읽는 시 한 편
한 권 시집이 된
시 항아리

문장을 완성하다

'지켜주세'

철거된 현수막으로 자동차 앞 유리창 가림막을 만들었다. 불안으로 펄럭이는 세상, 따뜻한 문장으로 지켜주다 유효기간이 만료된 현수막, 목적어가 사라지고 서술어마저 잘렸다. 무엇을 지키다 제 문장마저 잃었던 걸까? 한파 속 발 묶인 채, 몸 떨어야 할 자동차, 가림막 치고 보니 '지켜주세'란 큰 글자가 선명하다. 지킴을 다하지 못한 여분의 삶, 추위를 '목적'으로 따스한 '요'를 깔아주고 있다. 문장을 완성하고 있다.
('추위를') 지켜주세 ('요')

문자를 잊다

겨우내
한 그루
생이 싹트리라는 것,
0.001%의 가능성도 없는

추운,
슬픈,
쓸쓸한,
사^{死}의 형용사뿐인,
빈 몸

용트림 한번 없이
침묵의 고요 속
거친 몸피를 뚫고
울, 울, 울, 나온,

눈마다
일제히 터져 오르는
화사한 생.

〈
저 신성 앞에선
"아! "
외마디뿐

두 시인

나란히 이웃하여 있다.

한 식당의 요리사는 요리전문학교를 나와 명망 있는 요리사로부터 비법을 전수받고 각종 요리대회에서 상을 탄 경력을 가지고 있다. 음식은 자신만의 철학과 세계가 담겨 있어야 한다며 대중의 취향에 연연하지 않고 자기만의 요리법을 고집한다. 음식을 통해 자기 세계를 표현하는 것에 만족한다.

한 식당의 요리사는 나름의 대중적 요리법을 음식에 담아내려 노력한다. 대중이 선호하지 않는 음식은 가치가 없다는 주장이지만 시류에 편승해 자기 세계를 담아내지 못한다는 비판이 있다. 음식을 통해 대중의 마음을 읽는 것에 만족한다.

음식 논쟁을 벌이는 사이, 사람들 무리 지어 한 블록 건너를 향한다.

농부와 시인

 농부와 시인이 오붓하게 숲길을 가는데 거미가 지은 집에 매미 한 마리 생을 퍼덕이고 있다. 생의 바탕은 땅, 땅속에서 수년의 세월을 견디며 고단한 시간을 뚫고 한여름 뙤약볕을 처절하게 살아야 하는 매미에게서 농심을 읽은 농부가 매미의 생을 거들려 하자 가느다란 생각의 다리로 빈 원고지 같은 허공의 독법에 관심을 두지 않으면 읽을 수 없는, 새벽이슬만 영롱하게 읽어 주는, 혼자만의 궁리에 대한 거미의 연민을 익히 알고 있는 시인이 막아선다. 옥신각신하는 사이, 생각 없는 몸이 '쓱' 밀고 간다. 무심함이 지나는 곳마다 아스팔트가 깔리고 빌딩이 즐비하다.

자연휴식년제

"쿵"
힘겨운 소리 들린다

진달래꽃 봄처럼 만발하고
나무 그늘은 무성한 여름을 드리운다
단풍으로 가을 붉게 물들이더니
눈 발자국 찍으며 겨울은 설레었다

사람 들이던 숲의 나날들
오가는 발길에 차이며
황톳빛 길이 나고
앙상한 뿌리 힘줄같이 드러나고
나무는 말라간다

아픔을 아는지 모르는지
조붓한 길 내어주고
하냥 기다리고 기다린다
치유의 시간을 가져야 할 때,
푸르름을 다시 꿈꾸게 할 때,

숲

몸 여위어 간다
당신

또 다른 교실

   텃밭에 배추와 무 심었다. 정성으로 가꾸니 떡잎 물고 나오는 모습이 해맑은 아이의 얼굴이다. 소음처럼 잡초란 놈, 골 사이를 비집고 올라오자 회초리를 들듯 솎아주니 연초록 움들 차오른다. 첫사랑 같은 단비 내리자 죽순처럼 쑥쑥 자란다. 제법 여색女色 갖추자 꽃무니 쫓는 이성처럼 배추흰나비 날아든다. 슬어놓은 벌레가 잎을 갉아 먹어 호된 꾸지람 같은 약을 치자 애벌레 사라지고 몸피 키워간다. 여자아이 가슴처럼 봉긋해지는 배추, 사내아이 장딴지처럼 굵어가는 무, 초롱초롱한 눈망울 가득하다. 초록으로 영글어간다.
   싱싱하다.

4부

띄어쓰기

띄어쓰기는 삶의 방식이다

한글을 막 깨친 초등학교 시절
띄어쓰기를 배웠다
공책에 붉은 사선이 그어질 때마다
손바닥이 아렸고
종아리에 푸른 줄이 갔다

띄어쓰기를 배워야 할 사람들 있다
정치와 경제를 매번 붙여쓰기한다
붉은 사선을 긋지만
오래된 유착이 견고하다

붉은 색연필이 닳고 닳는다

노량진 고시촌

지금은
풍랑주의보 발효 중
항구에 닻을 내린 배들

처녀항해를 준비 중이거나
항로를 잘못 들어 정박 중이거나
난파되어 견인 수리 중이거나

풍랑주의보 해제를 기다리며
만선을 꿈꾸며
항해를 모의 중이다

내시경

속이 쓰리다

내부는 깜깜 절벽이다
작은 불빛 하나에 의존할 뿐이다
곳곳에서 터져 나오는 캄캄한 비명
어둠의 저항이 심하다
숨어 있는 유병의 증거를 찾는다

쓴 물로 역류하는 식도
오그라들어 펴지지 않는 점막
부정으로 은닉된 용종
애간장에 닳고 닳은 천공
불온한 증상이 불빛에 드러난다

소화되지 않는 각진 것들
돈, 술, 섹스……
생을 쓰리게 한다

절창 切唱

세상이 시끄럽다

생계를 잃은 투쟁의 소리
노동이 짓밟힌 절망의 소리
바다에 침몰한 상실의 소리

믿을 수 있는 것
오직 소리뿐
소리는 생존이다
쏟아붓는다 그러나
안다
소나기의 시간은 길지 않음으로
깊은 곳까지 적실 수 없다는 것
위장된 고요만 잠시 베일뿐
귀 닫아걸면
제풀에 지쳐 떨어진다는 것

매미가 운다
새가 소리를 물고 간다
적요하다

궁합

주발, 바리, 대접, 조칫보, 종지(…)
그릇에도 고유한 이름이 있고
이름에 맞게 담아야 할 음식이 있다
어울리는 궁합이 있다

삼십 년 넘게 밥상을 차렸다
이름과 크기 다른 그릇에
한 가지 음식만 담으려 했다
그것도 가득

궁합에 맞지 않는 음식
채우지 못한 그릇
금이 가고
이가 빠지고
몸마저 깨지고
버려진 그릇도 있었다

스승의 날
깨진 그릇이었던 제자
18첩 반상을 차렸다

말복

말복, 오후
보양식을 먹는다

두 편으로 갈라 앉는다.
이쪽은 주로 남자, 간혹 여자도 있다
저쪽은 주로 여자, 간혹 남자도 있다
이쪽 사람들, 저쪽을 쳐다보며
박애주의자인 양, 비웃는다
저쪽 사람들, 이쪽을 쳐다보며
야만인인 양, 경멸한다

경계를 가르는 것, 사상
음식도 사상이다
그러나
말복이 지나면 통한다

상련 相憐

유리창에 갇힌 벌

눈앞에 보이는 꽃 세상
몸으로 건너려는 어리석음으로
부딪치다 미끄러져 내린다

한낮을 던진다

깰 수 없는 창
열 수 없는 창
눈으로만 다가갈 뿐

절망의 안쪽
밖을 포기한다

탑골공원

  내용물을 비운 껍데기들이 아침을 맞고 있다.
  책에서 찢긴 종이는 책으로 밥벌이하던 훈장이었을 터, 속을 말끔히 비운 소주병은 골 깊은 시름 달래주던 주모이었을 터, 볼썽사납게 찌그러진 사이다 캔은 따분한 세상 가슴 뻥 뚫어주던 희극배우였을 터, 오물이 묻은 채 버려진 휴지는 세상사 오욕을 닦아주던 성자이었을 터, 따끈한 먹거리를 배달하고 버려진 홑겹의 봉지는 가족들의 허기를 채워주던 아버지이었을 터, 속을 비운 껍데기들, 땅속에 묻혀 썩어가거나 한 줌 재로 바람에 날려가거나 재활용되어 여분의 생을 살다 가겠지.
  "어제 그 노인 오늘은 안 보이네요." 한 노인이 탑골공원의 아침을 점검한다.

제비꽃

마른 풀섶
가녀린 꽃대 쑤~욱 내밀고
수줍은 듯 보랏빛 꽃 피었다
아직 겨울 그늘
황량한 들녘, 아무도
꽃 피울 채비 없지만
작은 얼굴
향기 없고
화려하지도 않아
남들보다 부지런을 떨어야
지나는 눈길 끌어
꽃인 양 취급받는다

새벽을 달리는 버스 안
제비꽃 가득하다

외나무다리를 건너는 법

   정년을 마친 선생님이 지나온 삶을 변사처럼 읊는다. 민주화 운동의 무용담을 늘어놓는 순간, 관자놀이에 핏대가 드러난다. 학생운동에 가담했다고 F 학점 받아 일 년을 더 다녀야 했다. 실명을 거론하며 "OOO 교수는 민주화의 적"이라고 비난을 퍼붓는다. 우연히 지근거리에서 귀동냥으로 듣고 있던 중년의 여자가 다가와 정중히 무릎을 꿇는다. "아버님의 잘못을 대신 사과드립니다."라며 깊이 머리 숙인다. 당황한 선생님도 무릎을 꿇는다. "저의 불손함을 사과드립니다."라며 깊이 머리 숙인다.
   외나무다리 인연, 서로 상처받지 않고 건너는 법, 무릎 꿇고 머리를 숙이는 것 그리고 등을 내어주는 것이다.

생의 처방전

며칠째 삭신이 쑤시고 신열이 나면서 기침이 심하다. 의사는 문진과 진찰을 하더니 몸살감기라는 진단을 내리고 주사와 함께 약을 처방해준다. 병원을 나서며 철학자가 된다. 삶이 아플 땐 그 상처는 누가 치료해 주었지, 지나간 삶을 문진한다. 누군가를 물들이지 못해 가슴앓이하던 상처, 부모님의 행간을 읽지 못하고 가슴에 못 박은 후회, 실의에 빠져 생의 절벽에서 서성이던 절망, 헛헛한 마음에 움푹 팬 주름으로 남았다.

인생이란 의사가 망각이라는 주사와 함께 세월이란 약으로 처방한다.

대원사*

절에 간다

대웅전 앞, 부처님 세상인데
대웅전 뒤, 풀숲은 세속이다

개미가 애벌레를 물고 간다
애벌레 몸부림을 친다

썩은 낙엽도 잡았다가
마른 꽃잎도 잡았다가
어린 새순도 움켜쥐었다가

애벌레의 생을 거들까 하다
풀숲의 삶에 익숙하던 터
어차피 개미가 된다

절을 나서는데 부처님
용서인지 비웃음인지
야릇한 미소 흘린다

* 경기도 가평군 북면에 있는 절

중용

살을 비집고 나오는 손톱

뿌리째 뽑으면
내가 아프고

무작정 자라게 두면
남을 아프게 하는

경계를 넘어서지 말고
제 몸만큼만 키우라고

시나브로 자라는 욕망
자른다

둥글어진다

사월 초파일

부처님 오신 날
예불하고 산신각을 오르는 길
침목으로 된 층층 계단
십 원짜리 동전만 한 구멍 속
쌍떡잎 삐쭉 내밀고 있다

그 작은 구멍
물방울 하나, 바다가 되고
흙 한 톨, 무궁한 대지이겠거니

탐욕으로 비대해진 몸뚱이
두 발로 뿌리내린 터전
지구만으로도 부족하지 않았던가!

작은 구멍 속 현현顯現한
부처를 보았다

윤회

"딱"
스위치 소리와 함께
어둠을 들켜 버린다
돈벌레

그 많은 다리 누구의 의지인가?
전생이 얼마나 게을렀으면
저렇게 많은 다리를 가졌을까?

삶을 젖 먹이는 다리
달랑 두 개
그마저 굼뜨다

내생이 어렴풋이 비친다

수타사[*]

수타사, 가을을 탄다

천년 고찰 수타사
화마에 온몸 소실되고
오직 남아 있는 것
대적광전 지붕 위 청기와 두 장
수행 정진 중이던 스님도
온몸 불사르다
고무신 두 짝 남기고 물속으로 들었다지
허공에 푸른 역사를 쓰던 은행나무
가을 불사르며
단풍 든 역사 한 잎, 한 잎 떨구자
성긴 바람이 비질하고
청량하게 흐르던 독경 소리도 수척해진다
푸르던 시절, 가을
아득한 길, 자력에 끌려 돌아온 길
서로 닿을 수 없는 사랑 쌓다가
마음만 단풍처럼 타버리고
늑골에 청기와 두 장 얹힌다

* 강원도 홍천군 동면에 위치한 절

그냥

오랜만에 만난 친구와 수인사를 하며 근황을 묻자
"그냥 산다"는 화두를 던진다

'그냥 산다'

어제 뜬 별 분장도 지우지 않은 배우처럼 오늘, 하늘 무대에 떠 있듯
지난 보름 뜬 달 한 점 일그러짐도 없이 오늘, 만월이듯
작년 핀 해국 일란성 쌍둥이처럼 올가을, 해맑게 피어나듯

그냥 산다는 것
어제 같은 오늘을 사는 것

화두를 읽는다
법화경 28품 모두 읽었다

들꽃

한 권의 책을 읽는다

제목도 없는
바람의 흘림체로
비와 햇빛으로 촘촘히 엮은
한 권의 자서전을 읽는다

엷게 채색된
바람에 몸 흔들리며
꽃잎으로 쓴 한 송이
우주를 담은 책

허공에
한 계절이 지나면 절판될
한정판 책, 그는 왜
한 땀 한 땀 정성을 다할까?

나그네 같은 바람
호기심으로 읽고 갈 뿐

정독하는 이 하나 없는데
늦은 계절이 지나도록
책장을 덮지 못하고 있을까?

꽃 지는 날
씨알 좋은 문장
척박한 땅에 떨어져
한 권의 복사본을 만들겠다

저물고 있는 들꽃, 한 송이
꽃잎에 새겨진 생의 연대기
아들이 읽고 있다

■□ 해설

공존미학을 지향하는 언어의 몸짓

이덕주(시인, 문학평론가)

1

　박중기의 시는 진솔하고 그윽하다. 거침없이 전진하는 그의 상상력에 의해 자유롭게 활보하며 앞을 넓게 펼쳐나간다. 그 열린 공간에서 그는 서두르지 않고 나지막한 어투로 자신의 시세계를 단정하고 정중하게 보여준다. 자연과 인간의 틈새를 구분하되, 분리하지 않으며 교류의 흔적을 각인시킨다. 동시에 그들의 관계를 추적하며 관계에서 파생되는 근원적 존재이유를 발굴해낸다. 경계를 지우며 경계를 세우는, 사물의 본질에 다가가는 그만의 사물에 대한 신뢰의 방식이다.
　이처럼 박중기는 시적 대상들을 연민의 눈빛으로 주시하며 존재이유에 물음을 던진다. 그 대상과의 대화를 통해 존재가 지닐 수밖에 없는 상처의 이면을 다독이고 견인

하며 안돈하게 아우르려 한다. 본래적 대상의 근원을 우회하지 않고 투과하듯 생생하게 표출한다. 생의 연대기를 나긋나긋 펼쳐내는 그의 목소리는 그래서 때로는 지극한 동감의 세계에 가닿는다.

박중기는 삶의 도정에서 쉴 새 없이 자신을 돌아본다. 그가 이번에 출간한 시집 『문장을 완성하다』의 행간에 스며든 깊은 고뇌의 흔적을 추적하며 시인의 마음이 어디에 정착하고 있는지 확인하며 내린 그에 대한 소견이다.

이렇듯 그는 되돌려본 자신을 시적 장면들로 재현한다. 연민어린 감성으로 적재된 중의적 존재방식을 덧붙여 타자와의 긴장관계를 풀어내며 자신의 다른 모습을 다양하게 보여준다. 그 다양한 시적 장면은 따라서 그만의 내력이 올곧게 투사된 언어의 몸짓이며 공존미학을 드러내는 시인 박중기의 독창적 시적 행위이다.

2

시인은 개별적 존재마다 차별성에 의미를 두면서도 다양성을 존중하고 어떤 대상이든 대상에 대한 연대감을 앞세우며 대상과 합일을 이루려 한다. 자신의 시를 통해 역동적인 일체성을 추동한다고 할 수 있다.

고향 옛집
넓은 마당 한 귀퉁이
큰 수챗구멍 있었다

조용조용하던 할머니
허드렛물 버릴 땐
목청을 한껏 돋우신다

"물 내려간다"
"뜨거운 물 내려간다"

있는 듯, 없는 듯
몸 낮춘 것들 깨우는 소리

세상 나서기 전
세상 건너는 법 가르쳐 주셨다

- 「슬하」 전문

    시인은 어린 시절 겪었던 체험을 통해 자연과의 불이주
二의 장면을 그림을 그리듯 자연스럽게 전개시킨다. 할머
니의 평상심속에 오랫동안 생활화된 겸손과 겸양이 돋보

이는 습관적 하심下心을 발견해내는 것, 그만큼 시인의 정서적 촉수가 비유적 의미 확산을 폭넓게 응용하고 있음을 드러낸다.

할머니는 '허드렛물'을 버리면서도 몸에 배인 듯 "뜨거운 물 내려간다"고 '목청 돋우는 소리'를 낸다. 할머니가 크게 내는 소리는 불특정대상인 자연을 향해 주의를 환기시키는 소리다. 살아있는 모든 생명들에게 계속 살아있음을 각인시키는 소리다. 의식을 초월하여 "몸 낮춘 것들 깨우는 소리"이며 존재들 모두에게 상호간 생명을 확인할 수 있게 경각심을 불러일으키게 하는 일깨움이다. 눈에 보이지 않는 미물이라도 뜨건 물에 몸 다치지 말라는 온갖 존재에 대한 지극한 배려가 스며든 따뜻한 언어이다.

시인은 할머니께서 "세상 나서기 전/ 세상 건너는 법"을 몸짓과 말씀으로 보여주었음을 새삼 자각한다. 세상을 바르게 사는 이치는 상대와 내가 다르지 않다는 불이에 대한 깨침에서 비롯됨을 재차 인지한 것이다. 덧붙여 시인은 할머니는 물론 자신의 '슬하'에 대한 사랑도 이와 다르지 않게 지고한 것임을 분명하게 인식한다.

이처럼 시인은 "세상 건너는 법"이 더불어 세상과 공존하는 방법임을 깨우친다. 시인의 아내를 "딱 한 권뿐인 희귀본/ '당신'이라는/오래된 책"(「오래된 책」)으로 묘사한 장면과 가족의 관계를 숙고하게 하는 "멀티탭에 플러그 꽂혀 있다"(「멀티탭」)고 설정한 장면은 시인이 공존의 정신을 묘사하는 사례라고 할 수 있다. 할머니를 추억하며 쓴 "할머니의 뎅그렁 울리는 종소리/ 동네 활짝 울린다"(「개나리꽃 할머니」)는 문면 역시 공존의 정신을 높이려는 시인의 마음을 대변한다.

결국 시인은 자신도 몸을 낮추고 겸양의 자세로 자연과 하나라는 마음으로 살아야만 세상을 바르게 건너갈 수 있음을 강조하려 한다. 이외에도 「껍데기에 대한 오해와 진실」, 「후경」, 「가족」, 「장모님의 가을」, 「부부」 등 시인의 시집 전편에 흐르는 화합에 대한 장면묘사는 광의적으로 대상과의 융합이며 상호 합일에 이르는 공존의 지향이다.

> 여분의 빈 곳
> 반쯤은 붙고, 반쯤은 떨어져
> 이도 저도 아닌 어정쩡한 존재
> 짧게는 몇 시간, 길게는 며칠
> 한시적 기억을 담은 포스트잇
>
> 손길 닿는 곳에 있어
> 언제든 즉각적 소멸의 대상으로
> 가벼운 접착의 생을 보내다
> 기억이 소실되면 버려지는 포스트잇

나무의 몸으로 태어나

기억을 먹고 살긴 마찬가지지만

강한 접착력을 갖지도 못하고

두고두고 기억할 만한 가치도 없어

순간으로 생을 마감하는 포스트잇

늦은 밤, 문자가 온다

'재계약은 없습니다'

– 「포스트잇」 전문

'한시적' 아닌 것이 존재할까? 우주의 모든 존재는 성주괴공成住壞空의 과정을 피할 수 없기 때문에 '한시적'이다. 시간이 경과하면 제 자리를 지키는 것은 아무 것도 없다. 생성과 소멸을 반복할 뿐이다. 『금강경』 32분 「응화비진분應化非眞分」의 '일체유위법一切有爲法 여몽환포영如夢幻泡影 여로역여전如露亦如電 응작여시관應作如是觀'의 한 부분을 그대로 위의 시 「포스트잇」에 녹여낸 듯하다. 존재하는 모든 것은 꿈, 환영, 물거품, 그림자일 뿐이다. 모든 자연물은 제행무상의 원리를 벗어나지 못한다.

시인은 '포스트잇'을 보며 "언제든 즉각적 소멸의 대상으로/가벼운 접착의 생"을 지니고 있음을 자각한다. "기억이 소실되면 버려지는 포스트잇"의 운명은 화자의 생과 다름 아니라고 여긴다. '포스트잇'은 본래 나무에서 생성되었지만 끈질긴 생명력 즉 접착력이 부실해서 쉽게 망각되어지는 일회성의 소모품이다. 끝내 시인은 '재계약은 없습니다'라고 하듯 시의 화자인 자신 역시 한 번뿐인 생을 사는 존재임을 드러낸다.

「포스트잇」에서 보여주듯이 시집의 전편에 내밀하게 흐르는 연기적 공사상은 시인의 사유의 근간이다. 시인이 시를 쓸 수 있게 일깨우는 동인이며 때로는 방편으로 작용한다. 이처럼 응축된 시인의 시세계가 시집의 「망초」, 「깨진 유리창」, 「삶은 수학이다」, 「방정식을 풀다」 등의 행간에 투사되고 틈입되어 면면히 흘러내린다.

누구나 살고 싶은 집

못 하나 박지 않고
삽질 한 번 하지 않고 지은
안이 밖이고 밖이 안인 집
햇빛과 달빛으로 엮은
대문 없고 벽도 없는
삶이 투명하게 보이는 집

바람 잘 통하고 햇빛 잘 드는
　　무게를 가진 것들 들어갈 수 없는
　　지번地番도 문패도 없어
　　누구나 주인이 되는 집
　　지상에 없는
　　가장 아름다운 집
　　허공에 한 채 지었다

　　아름다운 건축가

　　-「거미」 전문

　거미의 집인 거미줄에 대한 구체적인 묘사를 통해 시인은 공空의 의미를 일깨우도록 배려한다. 거미의 집이 건축되는 과정을 그려내면서 그 과정이 공의 형성을 지지하고 있음을 간파하게 한다. 쉬운 언어로 누구나 인지할 수 있게, 지극히 자연스럽게 언어를 운행하듯 공을 분석적으로 풀어가면서 독자를 동조하게 이끈다.
　색즉시공色卽是空 공즉시색空卽是色을 구태여 설명하지 않아도 공에 대해 깨닫게 하는 고도의 시적 장치를 시인이 구사한다고 할 수 있다. 현상계의 이면인 본질의 차원에서 볼 때 모든 현상과 존재는 아무 것도 존재하는 않는다. 차안과 피안은 실상 공의 세계다. 그러나 그 어느 곳에 존재하든지 마음이 지닌 경계를 무너뜨리면 경계가 사라진 "누구나 주인이 되는 집"이 된다.

시인은 그 집을 "지상에 없는/ 가장 아름다운 집"으로 명명한다. 그 집은 시인 자신도 없고 대상도 없는 공의 세계를 표방한다. 그 집은 자성이 무자성이라는 차원에서 자신을 없애고 스스로 스며들게 하여 전체와 부분을 하나로 만든 "아름다운 건축가"가 만든 집이다. 이처럼 시인은 시치미를 떼며 독자들이 공에 대해 깨우치도록 지원하고 인도한다.

시인은 아마도 위의 시 「거미」를 통해 자신 역시 거미처럼 공의 세계를 깨우친 "아름다운 건축가"가 되기를 희구한다고 할 수 있겠다.

'지켜주세'

철거된 현수막으로 자동차 앞 유리창 가림막을 만들었다. 불안으로 펄럭이는 세상, 따뜻한 문장으로 지켜주다 유효기간이 만료된 현수막, 목적어가 사라지고 서술어마저 잘렸다. 무엇을 지키다 제 문장마저 잃었던 걸까? 한파 속 발 묶인 채, 몸 떨어야 할 자동차, 가림막 치고 보니 '지켜주세'란 큰

글자가 선명하다. 지킴을 다하지 못한 여분의 삶,
추위를 '목적'으로 따스한 '요'를 깔아주고 있다.
문장을 완성하고 있다.
 ('추위를') 지켜주세 ('요')

−「문장을 완성하다」 전문

"'지켜주세'란 큰 글자"만 보이는 "철거된 현수막으로 자동차 앞 유리창 가림막을" 만들면서 시인은 자신의 상상력은 거침없이 확산한다. '목적어'와 '서술어'의 일부가 생략된 '지켜주세'에 의해 문장이 완성되는 과정과 연계하여 온갖 상상을 빚는다. 불안한 세상을 살고 있다며 부정적 현실의 일면을 안정시켜야 한다는 생의 강한 욕망을 덧붙인다. 시인 자신이 시를 쓰는 과정에서 특정한 문장을 완성하기 위해 겪었던 고뇌어린 체험까지 상상은 무한 증폭된다.

"무엇을 지키다 제 문장마저 잃었던 걸까?"라는 문면에서 시인의 상상은 세상을 보는 안목과 그 인내의 과정과 한계까지 막힘이 없다. 시인의 생과 동일시되는 그의 '제 문장', 그 완성을 지향하는 생과 마찬가지인 '제 문장'을 찾기 위해 그는 그때마다 흠결 없는 생의 이정표를 요구받고 살았을 것이다. 자신의 "지킴을 다하지 못한 여분의 삶"은 그래서 더 아쉬움과 안타까움을 연상하게 하며 시인의 힘난한 생을 유추하게 한다. 따라서 "추위를 '목적'으로 따스한 '요'를 깔아주"겠다는 시인의 행위는 아름답고 따뜻한 시인의 본래 마음과 다름 아니다.

"('추위를') 지켜주세 ('요')"라는 문장을 완성하는 그 내면의 흐름은 그런 연유로 시인에게 한 편의 시가 탄생되는 경로가 되기도 한다. 시인이 자신의 시론을 시로 보여준 시라는 느낌을 준다. 또한 시를 쓰면서 '목적어'를 생략하고 설명을 위한 '서술어'를 남발하지 않기를 은연중에 강조하려고 했다고 할 수 있다.

시의 언어는 앞뒤가 절연된 채 혼자 남아 있는 언어의 힘으로 독자가 상상을 마음껏 펼치도록 안배되어야 한다. 그런 차원에서 이어지는 시, 「두 시인」은 시인의 독자적인 시론을 추리하게 한다.

    나란히 이웃하여 있다.

    한 식당의 요리사는 요리전문학교를 나와 명망 있는 요리사로부터 비법을 전수받고 각종 요리대회에서 상을 탄 경력을 가지고 있다. 음식은 자신만의 철학과 세계가 담겨 있어야 한다며 대중의 취향에 연연하지 않고 자기만의 요리법을 고집한다.

음식을 통해 자기 세계를 표현하는 것에 만족한다.
   한 식당의 요리사는 나름의 대중적 요리법을 음식에 담아내려 노력한다. 대중이 선호하지 않는 음식은 가치가 없다는 주장이지만 시류에 편승해 자기 세계를 담아내지 못한다는 비판이 있다. 음식을 통해 대중의 마음을 읽는 것에 만족한다.
   음식 논쟁을 벌이는 사이, 사람들 무리 지어 한 블록 건너를 향한다.

- 「두 시인」 전문

   독자적인 시적 세계를 표현하느냐? 아니면 대중과 영합하느냐? 시인은 이웃하는 두 부류의 시인을 요리사와 요리의 내용으로 분간하고 대비하여 일반적으로 시인들이 겪고 있는 고뇌의 내용을 진솔하게 고백하듯 보여준다.
   전문요리사가 되는 과정은 전업시인이 되는 과정과 다르지 않다. 전문가에게서 비법도 전수받고 "자신만의 철학과 세계가 담"겨진, 그야말로 "대중의 취향에 연연하지 않고" 독창적인 작품인 자신만의 시를 창작해야 전업시인이라고 부를 수 있을 것이다. 그들, 전업시인들은 시를 통해 독자적인 자기 세계를 구현하는 것에 의미와 가치를 두는 것에 만족하며 스스로 긍지를 높이려 한다.

이와는 반대로 대중과 일반 독자가 선호하는 음식과 시는 역시 대중과 일반 독자가 "시류에 편승해 자기 세계를 담아내지 못한다는 비판"을 감수해야만 한다.

"음식 논쟁을 벌이는 사이, 사람들 무리 지어 한 블록 건너를 향한다."는 것은 시인의 입장에서 '논쟁을 벌이는 사이, 독자들은 시에 대한 관심을 갖지 않는다.'와 동일한 의미를 드러낸다고 해야겠다. 따라서 시인은 독자에게 외면 받고 있는 시에 대해, 근본적인 문제점이 무엇인가 살펴보기를 「두 시인」을 통해 제언한다. 현대시가 일반 독자들에게 외면 받고 있는 상황을 노정시키며 그 대안과 해결책은 각자의 몫이라고 언술하는 것이다.

시인이 시인과 시를 대상으로 쓴 「신춘문예」, 「졸시」, 「시식詩食」, 「시 항아리」, 「문자를 읽다」, 「농부와 시인」 등을 살펴보며 시인의 시에 대한 애증의 깊이가 상당함을 엿볼 수 있었다. 그만큼 시인의 시에 대한 열정과 노력이 지극하다고 해야겠다.

　　오랜만에 만난 친구와 수인사를 하며 근황을
　묻자
　　"그냥 산다"는 화두를 던진다

　　'그냥 산다'

어제 뜬 별 분장도 지우지 않은 배우처럼 오늘,
하늘 무대에 떠 있듯
　　지난 보름 뜬 달 한 점 일그러짐도 없이 오늘,
만월이듯
　　작년 핀 해국 일란성 쌍둥이처럼 올가을, 해맑
게 피어나듯

　　그냥 산다는 것
　　어제 같은 오늘을 사는 것

　　화두를 읽는다
　　법화경 28품 모두 읽었다

　　　－「그냥」전문

　'그냥'이라는 말은 일상에 늘 사용하면서 새삼스럽게 물음에 딱히 정해지지 않은 대답을 할 때 주로 사용된다. 현재 있는 상황이 그대로 변화 없이 지속이 될 때 이유와 목적이 없는 정황에 으레 수반되는 말이다. '그냥'이라는 언어는 그 때문에 상대를 안돈시키는 역할을 한다.
　시인은 "오랜만에 만난 친구와 수인사를 하며" 서로 안

부를 묻는다. 대답 대신 상대방에게 "그냥 산다"는 말로 인사를 대신하며 화두로 삼는다. 화두는 본래 선원에서 참선수행을 하며 깨달음에 이르게 하는 공안이다. 깨달음을 얻은 선지식들의 말이나 행동에서 표준으로 정해놓은 것으로 이 화두를 의심하고 참선하는 것은 깨달음의 본원에 다가가기 위한 방편이다.

시인은 일상에서 '그냥'이라는 화두가 그대로 녹아들고 있는 현상을 주시한다. 어제 밤하늘의 별이 오늘도 그대로 떠있고 보름 뜬 달이 다시 만월이고 작년의 해국이 올가을에 피어나는 자연의 변함없는 현상, 거기에는 어떤 이유와 목적이 필요 없이 있는 그대로 운행됨을 중요시한다. 즉 "어제 같은 오늘을 사는 것"이 어쩌면 우리 생의 다함이 아니겠느냐? 되묻고 싶은 것이다. 마치 무화無化에 이르는 숨겨진 의도를 감추지 못하듯이,

"화두를 읽는다"면서 "법화경 28품 모두 읽었다"고 시의 결론을 내리는 것 역시 자연 속에 녹아든 생을 그대로 수용한다고 해야 할 것이다. "법화경 28품 모두 읽었다"고 공언하는 것은 그 자체로 화두를 깨쳤다는 의미보다 생이 여시하게 그대로 화두가 진행되고 완성되는 단계를 함의한다고 할 수 있다. 즉 '그냥'이라는 화두는 생의 중심에 이미 내장되어 공유되고 있다고 본 것이다. "선禪의 유일한 방법은 화두뿐이다"라고 강조한 만해 한용운 선

사의 말씀이 새삼스럽다. 선의 깊이를 시인이 점증적으로 깨우쳐간다고 할 수 있다.

  시인의 불교적 사유를 드러내는 시, 「대원사」, 「중용」, 「사월초파일」, 「윤회」, 「수타사」 등을 살펴보며 시인이 지닌 공존미학을 재우쳐 확인한다. 그만큼 그는 불교의 선사상에 침잠하며 참구했으리라. 그의 시에 대한 화두가 머지않아 그의 발원으로 깨쳐질 것이라는 예단을 해본다.

3

  박중기가 이번 시집 『문장을 완성하다』에서 보여주는 시적 장면들은 자신이 접면한 대상들과의 접점에서 긍정과 부정을 교차시키며 솎아낸 생에 대한 애증의 존재방식이다. 그는 대상의 본원에 다가가 나름의 시적 비의를 직면을 통해 드러나게 한다. 에두르지 않는다. 또한 그 비밀의 공간에서 자신을 재현시키며 또 다른 자신을 발굴하기를 즐겨한다. 더불어 상징과 은유를 유효하게 접목시켜 대상을 아우르며 대상에 스며들어 공존하려 한다. 그만의 특별한 시를 향한 기법이다.

  이번 시집에서 시인 박중기의 사물에 대한 원융한 시선과 통찰의 깊이를 발견해내는 것은 평자의 큰 즐거움이었다. 시집의 면면을 살펴보면서 이만한 내공의 축적을 이루기 위해서는 종교를 떠나 수많은 성찰의 단계를 거쳤음을 감지했기 때문이다.

  쉬운 일상적인 언어를 응용하여 사물의 본질을 파악한다는 것, 그것은 깨달음의 형상화라는 진공묘유, 그 묘의를 체득했을 때 가능한 경지다. 이와 함께 시인이 추구하는 시적 대상과의 공존미학을 시속에 스며들게 하는 포용의 철학은 그야말로 시인이 시를 쓰는 당위성을 스스로 옹위하는 자긍심이라고 할 수 있다.

  처음 강조했듯이 박중기의 시는 진솔하고 그윽하다. 숨김없이 자신이 지닌 시적 역능을 공존미학으로 한가득 보여주기 때문이리라. 시를 위해, 때론 시인 박중기는 인간 본성의 탐구를 위해 시를 향한 구도의 길에서 수행승을 자처하는 듯하다. 그만큼 그는 자연에 대해 겸손하게 낮은 자세로 화합하며 진지하고 엄정한 시를 쓴다. 향후 자신이 선택한 시적 대상을 무한 신뢰하며 공존을 지향하는 그의 몸짓이 시의 본령을 향해 분명 크게 확산될 것이다.